REINER BONACK * Die erwachsenen Jahre

AF209146

Reiner Bonack

Die erwachsenen Jahre

Gedichte

Bibliografische Information der Deutschen Bibliothek:
Die Deutsche Bibliothek verzeichnet diese Publikation in der
Deutschen Nationalbiografie; detaillierte bibliografische Daten sind
im Internet über http://dnb.ddb.de abrufbar.

1. Auflage, 2016
© Reiner Bonack
Titelbild, Acrylmalerei: Angelika Bonack
Herstellung und Verlag: B o D - Books on Demand, Norderstedt
ISBN 978-3-8391-2726-1

Wo ende ich wo beginne ich?

Nâzim Himet

Als

Als die bummelnden Züge, manchmal
auf freier Strecke hielten (Blumenpflücken still
   schweigend erlaubt)

Als die Kaiser noch keine neuen Kleider trugen, kein Bettelmann
nachsichtig wegsah oder erblindete

Als die schlotternden Fahnen an Schloten
allmählich ihr Rot verloren

Als ich die Sprache lernte, die alles benannte was alle benennen
nur nicht das Schweigen, Verschweigen, sich selbst

Als ich Zuflucht fand vor den kettenden Blicken der Großen
im Heu einer Scheune (bleib ja auf dem Hof)

Als Großmutter, Häkchen, gekrümmt, über Wellen des Waschbretts
Lauge die Haut ihrer Hände zerfraß

Als ich die Arme breitete unter den hölzernen Schwalben auf
   der Leine,
über die Wiese flog, und der Nachbar am Zaun sagte *Früher*

*früher, wenn die Zigeuner kamen, mussten wir schnellstens
die Wäsche abnehmen – das ist jetzt vorbei*

Als ich noch nicht wusste: Sie waren
längst Rauch

Resistenz

Unter der grauen Haut
aus dem Staub
der Fabriken, Gruben
war ich lange das Kind
das immer hörte, aufsah
nie mit vollem Mund sprach
schnell ins Haus lief
vor jedem Regen
und, später, davontrieb
durch Sommer und Seen
Straßen, Zeilen und Jahre
als könnte sich, was sich verwuchs
lösen für alle Zeit

Ein grünes Auge glühte

Ein grünes Auge glühte
an den Abenden auf in der Küche

Der letzte Ton des Zeitzeichens löschte
das Ticken der Zeit in der Uhr

*In allen Steckdosen, hörst du, nisten
giftige Schlangen*

Wenn ich nicht aufaß, zerrte
draußen der Schwarze Mann an den Läden

Früh, bis zum Tor, verschlossen
lief ich dem Schatten des Hauses davon

entkam nicht den Blicken
der Brillengläser hinter Glas

In einem Winkel des Hofes aber
momentlang, blitzten

die kleinen, versteckten Kiesel
der Sterne in meiner Hand

Und ich erinnere

Nachts, im Fenster
die zuckenden Irrlichter
über der Wüste
vor der Stadt S.
ein Mond
zerschrundene Haut
in der schwarzen Kohle
des Alls

Sonntags
an der Hand
auf dem gewundenen Pfad
an verbliebenen Wiesen zum rost-
farbenen Wasser der Elster
nicht mehr auffindbare
Tränenfährte, Abglanz zögernd
gewährter Entdeckungen
Die blaue Blume
im Koschenberg war
Abraum längst

Manchmal aber
auf dem Küchentisch
das Meer, der Wald, die Fluren
Deutsche Heimat, Reise
um die Welt, Der stumme Film
eingesteckt in
sorgsam aufbewahrte Alben

Und ich erinnere
das staubige Apfelrot
mancher Abende, die Statue
der alten Katze vor dem Napf

Damals

Damals lebte ich
mit der Weckuhr des Hahns

dem Geläut der Glocke
vom Auto des Milchmanns

dem Echo eines wie ich
sprechenden Vogels

zu Kohlenstaub
getrockneten Tränen

unter den Augen
Blicken, horizontlos

in einer von Rauch-
fahnen dumpfen Luft

und die Lokomotiven
riefen noch, nachts

bis in den Schlaf und weckten
das Traumblau der Ferne

Damals, allmählich

nahm auf den Leinen
die schwarze Wäsche ab

löste sich unter den Decken
der Keller gestaute Angst

brachte der Postbote die Post
als ginge es nicht mehr um Leben und Tod

zogen sich Brunnen
aus den Höfen des Viertels zurück

gaben Bänke an den Stirnen der Häuser
den Feierabendgeist auf

verwandelten sich Nachbarn
in ihre Schatten hinter den Fenstern

vergilbten die Stimmen
der Feldpostbriefe in den Kommoden

während Großmutter Muster zeichnete
legte ich unsichtbare Spuren

vom Grab zum wispernden Grün
hinter versteinertem Flügel

des Engels, zerrte
an ihrer Hand

Zwischen Lübbenau und Senftenberg

Auf der hinteren Plattform des Bummelzugs
stand ich als Junge oft und sah
wie die Bäume, Masten, einarmigen Signale
die schmalen Nutzgärten hinter den Häusern
die Klitschen der kleinen Krauter
die an den Schranken verschlossnen
Gesichter der Männer
die an Sonntagen weißen
winkenden Hände der Kinder
langsam wegglitten in
eine weite Ferne
wie Rauchfetzen aus
der Lokomotive
flatternd zerfransten
während sie vorn, unsichtbar
der Zukunft entgegenschnaufte
und es war als spulte sich
jeder Gegenwart gewordene Moment
sofort ruckzuckelnd zurück
in eine bald schon nicht mehr
erkennbare Vergangenheit
unterbrochen nur durch den Halt
auf kleinen Bahnhöfen wo
im Staub die Hühner schliefen, Muscheln
weiße Steine, sorgsam gelegt
vor dem Fenster des Stationsvorstehers
Gute Fahrt wünschten und
in Gang gesetzt durch einen Pfiff
zurückblieben

Erst nach dem Aussteigen sah ich wieder
was vor mir lag, nahm die Zeit
bevor sie irgendwann schneller und schneller wurde
meine eigene Geschwindigkeit an

Rand der Grube

Klang der Glocke, Hammer
Schläge aus der Schmiede
der Geruch der Pferde, Äpfel
Kopfstein, Pflaster
in die Ferne, barfuß gehen
Schwalben, Sommer, Friedhofs
Stille, Rauch stieg auf
vom Dach und Mittags
Ruhe, abends
das Gekeif der Krähen
in den hohen Bäumen
Jahres Ringe, Jahres
Zeiten bald schon aus-
gekohlt das Hasenbrotidyll

An Sonntagen, damals
Großvater und
der einarmige Nachbar
erschufen aufs Neue
die Welt

Jahrmarkt
Ich drehte am Rad
gewann einen Bären

Noch immer brummt er
wie ich

Volksfest, ein Kutscher
schlägt auf sein Pferd ein

Wie damals
brennt auch
mein Rücken

Wirf endlich
die schmutzige Feder weg –
die blaue Taube
Kindheit verlässt
allmählich das Haus

Der alte Bahnhof
hier stand ich als Kind
zählte die Wagen

Zwei Streifen Mondlicht
enden im Nichts

Die guten Schuhe, Kind
müssen ein Weilchen halten

Ich lächle mich an
im Spiegel der Pfütze –
springe

Verloren

Mit einem jähen Riss
im Hemd, damals
als es im Kino noch
die Wochenschau gab und das Licht
im Saal an jenem Mittwoch, 17.48 Uhr
noch nicht verglimmt war, der Gong-
schlag so weit entfernt
wie die Ferien des nächsten Sommers
wünschte ich, entgegen
jeder vorherigen Hoffnung

sie

wäre an diesem Abend
doch nicht ins Kino gekommen

Aber sie saß
fünf Plätze weiter, rechts
also fast
neben mir

Nicht fand ich

Nicht fand ich
dieselben Sterne wieder
nicht das bei Stromsperre
von knisternder Dämmerung
verwandelte Haus
gedrosselte Stimmen
die abends auf Bänken
in Höfen in Unschuld um-
gedeutete Schuld
nicht deine
hinter Zeitgittern
verlorenen Worte
im Gewirrsel des Schnees
das Kastanienlicht
später
in deinen Augen
das in der Straße
für immer
gelöscht worden ist

II

Wer bin ich

Ich bin derjenige,
der weint,
wenn die anderen singen,
und der singt,
wenn die anderen weinen
Simon Yussuf Assaf, libanesischer Dichter

I
Ich war der, der weinte,
wenn die anderen weinten.

Ich bin der, der nicht weint,
wenn die anderen singen.

Ich bin der, der nicht singt,
wenn die anderen weinen.

Ich war der, der sang,
wenn die anderen sangen.

II
Ich bin der, der schweigt,
wenn die anderen sprechen.

Ich war der, der schwieg,
wenn die anderen schwiegen.

Ich war der, der sprach,
wenn die anderen sprachen.

Ich bin nicht der, der spricht,
wenn die anderen schweigen.

III
Ich bin der, der verlor,
als die anderen gewannen.

Ich bin nicht der, der gewinnt,
wenn die anderen verlieren.

Ich bin kein Fremdling
in dieser Welt.

Wer bin ich?

Yesterday

Weißt du noch
    gestern
        im vorigen Jahrhundert
die Stunden
    vor der Grenze
        zum Sommer
endlos
    gedachte Linie
        vor den gedachten
Dreiecken der Mädchen
        die Ohren
            lerntaub
seit Tagen
    in Erwartung
        des Meeres
aus Blicken
    Stimmen
        Musik
saß unsere Klasse
    wie geduckt
        unter
dem törichten Satz *Ihr lernt*
        nicht für die Schule, sondern
Gedankenstrich *für*
    das Leben
und saß
    nach all den Appellen
        an uns
und die Welt auch
    wie vor dem Sprung in
die lichte, lastlose Zeit
    der hellen Wimpel
        des Schilfs am Fluss
der abends
    über den Havelwiesen
        erblühenden Sterne
zu denen wir
    das war gewiss
        alsbald aufbrechen würden
während
    ferner noch
        im Dunkel
die Erde brannte
    Leid

nicht einschlief unter
          fremder Haut
wir
   pilzköpfig
       glockenhosig
die Heule
       im gewinkelten Arm
lässig
   I'm Down
am Rummelplatz lümmelten
          oder
             am Bahnhof
die Welt
     geteilt
        Beatles-
           Stonesfans
einte die einzige Angst
        abends
           an der Kasse des Kinos
Die glorreichen Sieben
        nicht alt genug auszusehn

Weißt du noch
        möchte ich rufen
           weißt du noch
wie wir später
       immer häufiger
          weißt du noch sagten
du
   fast erfrorst
       im Frieden
          des kalten Kriegs

We Can Work It Out

Weißt du es noch

Die erwachsenen Jahre

Als wären sie ohne Morgen, Mittag, Abend, Nacht
ein einziger, maßlos sich dehnender Tag
begannen sie, klebten fest
im flirrenden Ölstaub des Lichts
über zu Spänen gerolltem Blau
auf zu Rechtecken erstarrtem
verblassenden Meer an der Wand

Einmal im Jahr fuhr ich
den Postkarten entgegen
erinnerte mich wie ich
zum ersten Mal sah
das Meer in den rostigen Farben
eines Abends und
in jener Zeit, als ich glaubte
die Kindheit bereits verlassen zu haben

ich sah schon
die zu Asche geschändeten Inseln
sah noch Länder, unentdeckt
hinter dem Wind und nicht
entwertet vom blendenden Metall
der Münzen

Einmal im Jahr
fuhr ich, wusch mir
die dunkelnde Lebenslinie aus
meiner Hand, rieb mich ein
schrieb nichts-
sagendes auf
die Rückseite recht-
eckiger blauer Spiegel
konnte mich
wieder riechen

Schichten

Der Lichtfleck im Staubglas des blinden Fensters
an der Wand die ölglänzenden Karten vom Meer
Wellen, Gerausch und Gedröhn, blaues
Gewölle aus Stahl

Einspannen, Ausspannen, keine Metaphern
obwohl ich damals lange schon schrieb

Schichten
nachmittags, nachts, morgens
vor dem Schritt ins Freie
die Blendung im Sog
des rostig gerahmten Lichts
tonlos schrien die Vögel im Frühling
vom Baum überm Häuschen des Pförtners

An entzündeten Abenden
die dunklen Schnittmuster
in meinen Händen legten sich schwer
auf eine Haut, langsam
knirschende Tage

Am Tor wartete Siggi, pfiff
völlig losgelöst, bevor er
ans Karussell ging, *mein Kampf-
platz für den Frieden*, sagte er nach
dem zehnten Bier, *da dreht sich mir
alles, verstehste, ich geb
noch ne Runde, bevor wir
morgen wieder rotiern*

Das war im Jahr als die Satelliten sich irrten
jener einsame Mann im Eis
des kalten Krieges entgegen der Vorschrift
eigenmächtig die Welt rettete – ich
im Sommer vom Meer ein Stück
des zu Hochglanz erstarrten Himmels sandte

*Der sowjetische Oberst Stanislaw Petrow meldete 1983 einen Fehlalarm
an seine Vorgesetzten weiter, obwohl das Raketenwarnsystem den
Start von fünf amerikanischen Atomraketen signalisierte.*

Weißt du noch, sage ich fast

Weißt du noch, sage ich fast
wie aus einem niemals verlassenen Raum
der Weg, weißt du noch, durch
den dunklen Staub der späten Abende
der stille Haltepunkt, hinter Lidern noch
die elektrischen Blitze der Grubenbahn
die zuckenden Flammen als die Augen
scheinbar für immer geblendet
keine Sterne sahen, trübe Bahnhöfe
der Vorstadt hinter Fenstern
schwefelgelbes Licht, das Ahnen
fremden Daseins, Treibens, Hausens
lang bevor das Glimmen
in den Zimmern sich verwandelte
für alle Zeit in blauen Schein
als strahlte die verblasste Sehnsucht
nun zurück aus Apparaten, die Magie
des nicht gelebten
fremden Lebens, weißt du
sag ich fast doch
du bist viel zu jung

Abschied, Gesang

Unversöhnt
am Rand
der ausgefransten Reden

unweit des Monds
aus Papier

die Bäume traten zurück
um ungestört
miteinander zu flüstern

ein langgezogenes Heulen
schnitt das Dunkel
der anderen Gärten

Da spürte ich merkwürdigerweise
nicht Schmerz, nicht Furcht
denn seit langem, hieß es, der Wolf
sei nicht mehr heimisch hier
im heiterbesinnlich
erstickenden Paradies

und ich sah zu
wie unser Schatten
vierbeinig schon
für immer zerriss

Idyll, Olvenstedt

Diese Musik
in den verbliebenen Bäumen
Vögel besingen
den vergangenen Regen

Eine Spinne hält taglang
mein verwaschenes Hemd in den Wind

Hinter dem Parkplatz
erinnert der Duft des Flieders
an den Duft von Flieder

In den Gärten am Rand
der Brachfläche ruft
ein Kuckuck, ich hörte ihn
zuletzt im Naturkundemuseum

Am Sternsee, abends, blitzen
lange die Stimmen der Kinder
klingen die Flaschen
in den Händen der Männer

Manchmal, nachts
am Flüchtlingsheim schießt
jemand aus Jux in die Luft

Ich ging

Am Sternsee glimmten
Augen vor mir – eine Katze
und sie war gezeichnet
vom Leben dort im Freien, vertikal
gesträhnt vom Regen klebte
grau das Fell an ihrer Haut

Wohin gehst du
fragte sie, was ist
der Grund für deine ach
so tiefe Trauer

Ich gehe einfach
vor mich hin, zu vieles
weißt du, sagte ich, verging, vergeht
bevor man's fasst, zum Beispiel
der seit langem schon entbehrte
Duft des Meeres, anderes
ganz gleich ob man es fassen kann
es bleibt und bürdet – dunkel-
schwerer Fels

Du sprichst und sagst nichts wie so oft
die Menschen sprechen und nichts sagen
sagte sie

Und ich:
Ich meine Liebe, Trennung, Weggang, Tod

Du sprichst und sagst nichts, also ...

Also hinter mir, du kennst sie nicht
ein Abschied, ewig
währender Moment, es färbt, es schwärzt
wen du auch triffst schon zu Beginn
das vorbestimmte Ende

Verzeih, du glaubst, das sei

das wirklich Bleibende, fiel sie
mir altklug in das Wort und kam
näher einen Katzensprung, die schönen
mausegrauen Glücksmomente meinte sie
melancholisch duften
in die Zeit des Darbens noch
wie eine Sehnsucht, und dann später
mehr als je zuvor, doch schnurren sie
sich ab und irgendwann
leckt dir der Wind den
Wohlgeruch aus deinem Fell
du wirst dich putzen und markierst es
dann erneut mit deinem
eignen Duft wie auch
das Dunkle sich von deiner Haut
zurückzieht, einschläft, schläft
in dir, denn jeder last-
gewordene Moment schließt das Ermüden
in sich ein bereits und viele
ungezählte dunkle schlafen
schon in uns – also
streichle was
vielleicht schon wenn du weitergehst
sich langsam einrollt und
verdämmern wird mit meinem Fell
eine Handbreit näher an
den Schlaf

Aber jeder, widersprach ich, kann ...

Eine Handbreit, vorerst
raunzte sie
nun fang schon an

M

Eulenspiegel
narrte die Bürger
auch Goethe
hielt sich hier
auf – wo nicht
nicht Schiller
doch Wieland Wagner
Raabe Klopstock
Armstrong Lakomy

Historisches
Pflaster empfand man
nach in der Hegelstraße
auch Kant kam
erst nach seinem Tod
wohnt im Gymnasium, Kant
googeln die Schüler, Aufklärung
Habe Mut ...

Das aber führt nun
zu weit denn
Goethe war hier, doch
bildet die Stadt sich
nichts darauf ein
nennt sich jetzt OTTO
niemand fragt
z.B. wie b.b. noch
hatte der Große nicht wenigstens
eine Luftpumpe bei sich
oder 'n Koch

Statistische Erhebung, Magdeburg

I
Wie viel Huflattich wächst
am Huflattichweg?

Wie viele Widder bewohnen
die Steinbockstraße?

Wie viele Hammel leben
am Hammelweg?

Wie viele Schäfer pro Jahr
rasten Am Schäferbrunnen?

II
Wie viele Monate währt
der Frühling in der Mörikestraße?

Wie viele Musikfreunde spielen
in der Mozartstraße Klavier?

Wie viele in der Telemannstraße
bevorzugen Händel?

Wie viele Einwohner des Rembrandtwegs
trifft man auf einer Vernissage?

III
Wie viele Sonnen gehn morgens
über der Sternstraße auf?

Wie viele Menschen in
der Schillerstraße sind nachweislich Brüder?

Wie viele in
der Brüderstraße sind nachweislich Schwestern?

Wie viele Gretchenfragen
stellt man sich in der Goethestraße?

IV
Wie viele Bettler bevölkern
den Fürstenwall?

Wie viele Europäer sind
am Europaring heimisch?

Wie viele Schusswaffen pro Haushalt
gibt es am Friedensplatz?

Wie groß ist das Vakuum
in der Otto-von-Guericke-Straße?

V
Führen Sie selbständig entsprechende Erhebungen
In den Meerwellen und am Marsweg durch!

Glücksgöttin
Magdeburg, Ulrichplatz

Die kalte
Schulter im Frost
metallene Lende
Scham
vor Augen
das Füllhorn
an dem die Haut
meiner Hand
festfriert
in nacktem Verlangen
scheue ich
den Schmerz der
mich losreißt
mich hält

Die Lotophagen

Die Lotophagen, sagt der Mann
zu den Männern an
den offnen, runden Mündern, Bier-
flaschenglas am grauen Rücken
ihres Tempels, abseits rasselnd
rollen Wagen

Lotos pflücken und die süßen Früchte
kosten und entsagen
dieser frostversteiften Heimat

sagt er, bei den Lotophagen
blühte uns das Leben wieder
wie im Rausch, wer zöge uns
denn mit Gewalt zurück
ans Ufer der geleimten
Staatsstatistik unter die versteinten
Segel schlaffer Ämter

Lotophagen, sagt er, geht nicht
bleibt

Lotophagen – gastfreundliches Volk in Homers Odyssee.
Wer dort von den honigsüßen Lotosfrüchten kostete, wollte für immer
bleiben und der Heimat entsagen. Die Kundschafter mussten gewaltsam
zurück ans Ufer gebracht und auf den Schiffen festgebunden werden.

Das Singen der Nachtigall in das Dunkel

am Sternsee weit
nach Mitternacht nah
dem grauenden Morgen der
ins Licht hebt die grüne Braue
des getrübten Augs, dahinter
Wände fleckig, rüchig, schräg schraffiert
von Regen, Not Bedürftiger und täglich
durstend Trinkender, lallend *du*
kennst das, dieses Amt, es fordert
noch ein Blatt und noch
ein Blatt bevor es
amtlich ist –
früher, weißt du
gab's hier Nachtigallen

Die Ahnung eines unbestimmten Verlustes

Die Ahnung eines unbestimmten Verlustes
eines Anhaltspunktes, eines Rätsels
eines Handschlags, Ratschlags, Schlags
eines Namens, einer Gewissheit, schwarz
auf weiß

einer Abendröte auf dem Wasser
einer Morgenröte am Horizont
eines Gesichts, eines Gedichts
einer Landschaft oder
was nahe läge eines ganzen
Landes, tief versteckt
hinter der Wand
der Stirn

pocht
und pocht
immer leiser, Phantom-
schmerz und du weißt nicht mehr was
amputiert wurde

Dunkler Punkt

Laufen wohl rückwärts, die Leute, draußen
im Sturm, im Dämmergeschlucht hinter Glas
und auch die verbliebenen Tiere
im oftmals gestutzten Stadtwald

Der kleine Stern hält nicht stand, treibt ab
in die Nacht, das All, die Einsamkeit
ohne Gefährten und ganz
ohne Bedeutung für mich
in meinem Winkel der Welt,
das graue Zimmer, Raum
der sich längst nicht mehr weitet
dich dennoch nicht hält,

der zurückstürzt, sich unaufhaltsam verdichtet
zu einem leuchtenden oder dunklen Punkt
in mir, und ich weiß nicht ob
aus Vergessen oder
Erinnern

Dieselben Sterne, kann sein

kann sein, dass jetzt einer fehlt, vielleicht
von uns nicht bemerkt, verlor er
seine Kraft und erlosch

Dieselben Sterne, kann sein
und fehlte einer, die Leere fiele
nicht auf, und wir würden den Grund
für sein Fehlen niemals erfahren

Dieselben Sterne, möglicherweise
und dennoch wächst
die Leere im Raum, weil alles
sich voneinander entfernt
sich ins Endlose dehnt
und erkaltet

Dieselben Sterne, sagst du
rück näher ein Stück

III

Fahrt

Der Vormittag über den Hängen vor dem Meer
war juniblau, mild
wehte Wind, ich sah es
an der luftigen Kleidung entgegenkommender
Touristen, gesichtslos gingen sie
am Rand der Straße
den an der Promenade lockenden
Läden entgegen, wichen
dem Fahrzeug aus, winkten.

Manchmal, bei zu schneller Fahrt, verwischten
die üppig blühenden Gärten neben den Serpentinen
zu farbigen Flächen, so dass ich
einen Moment innehalten musste, bevor
sich das Bild wieder schärfte.

Vor einer weißgetünchten Mauer am Straßenrand strich
hilflos eine hinkende Katze, man sah,
sie konnte nicht springen, auf
ihr Schicksal hatte ich keinerlei Einfluss.

Auch nicht auf das des Jungen, barfüßig, der
aus irgendeinem Grund
neben seinem Fahrrad wie wild
gestikulierte.

Mein Gedächtnis nahm weder Laut noch Geruch
noch den seit Jahrhunderten angehäuften,
fast unsichtbaren Staub der Stille
in jener kleinen Kirche auf, die ich
im Vorbeifahren in der Altstadt
dahindämmern sah.

Duftlos blühten Akazien, ein Fischhändler legte
geruchlose Fische auf den Teller einer
altertümlichen Waage.

Vor einem Einkaufsmarkt spielte ein Mann

in mittleren Jahren lautlos Akkordeon.

Die Weintrauben an einem Stand, die Melonen
wirkten wie kunstvoll gefertigte Ausstellungsstücke.

In einem Café, das blonde Mädchen mit dem Tablett,
ich wusste nichts vom Aroma des Kaffees
und der Färbung der Stimme im Gewirr
der Stimmen,
nie werde ich es hören und nie
wirklich in seine Augen sehn.

Ich finde den vergessenen Namen
des Ortes nicht mehr unter all den Namen
von Orten, die ich befuhr.

Ich kann nicht zurückkehren in jene
verlorenen Sequenzen, und ich kann nicht
aufbrechen ins Wirkliche künftig
gegenwärtiger Momente.

Am Hafen, Sackgasse, wendete ich
mit einem Mausklick das Fahrzeug, setzte es
wenig später in eine andere Stadt
virtuell erschaffener Welt.

Verlorene Zeichen
Für Angelika

War es der Name des Ortes mit dem Duft
der Erinnerung an die Ewigkeit jenes
meerduftenden Morgens unter dem Strohdach, erleuchtet
von deinen Aquarellen, den schönen Bildern
in einem Gedicht nach einem
trauerfarbenen Jahr

War es der Name der Katze, die uns zulief
in jenem Sommer im Garten am Rand der Felder, fern
der fauchenden Chaussee und unter
der Musik der Lerchen

War es der schützende Flügel
deines Namens, Liebste, mystischer
Angelpunkt der Erde auf alten Bildern, der
beginnt und endet mit einem A und
mich beflügelt und mein Leben
ebenfalls in der Waage hält im
Leichtsein und in der Schwere

Oder war es der Name einer Hoffnung, die
haltbar erschien und sich dennoch
entfernte und niemals
wiederkehrt in gleicher Gestalt

Oder war es die Bezeichnung eines verlorenen Gegenstandes
der auch durch seine Abwesenheit nicht mehr
an sich erinnert, ein im Schatten anderer Worte
abgestorbenes, mutvolles Wort, Echo
einer Zeile, die mich trug
über dunkle Wasser und gleichzeitig
Anker war nach Erreichen
lichten Ufers, Titel
eines Liedes am Tisch
unter Pflaumenbäumen, Metapher
für die sirrenden Pfeile der Schwalben im blauen
Rechteck über der Kindheit

Verlorene Zeichen
Kein Zugang

Dein letzter Versuch, du weißt
das Passwort nicht mehr

Die Dinge

Die Dinge, wenn sie nicht fallen, verlassen uns leise

Leise verließ meine Brille die Augen
legte sich auf einen Nachtschrank des Hotels am Meer
schlief ein und
vergaß mir zu folgen

Das alte Radio, müd vom Gedröhn
begab sich stumm in den Keller, stellte sich in das Regal
neben die Bündel ergrauter Zeitungen mit
Nachrichten über die unsichtbar gewordenen Kriege

Der Kühlschrank, überdrüssig der Produktion
eines immerwährenden Winters
schwebte von fremden Händen getragen
mit eisigem Schweigen davon

Lautlos ging die Zeit aus der Taschenuhr
die ich täglich mit nachsichtigem Lächeln aufzog, um sie danach
ratlos dem fast nicht hörbaren Ticken
ihrer Vergangenheit auszusetzen

Der kleine, bernsteinfarbene Stein, von Natur aus still
irgendwann sprang er unbemerkt aus dem Portemonnaie
um im flüchtigen Staub der Gegenwart
auf die Rückkehr des Waldes oder des Meeres zu warten

Die Anthologie mit Gedichten vom besseren Leben
entfernte sich wortlos
in den hintersten Winkel meines Gedächtnisses, wo
das Vergessen beginnt

Vergeblich suche ich
meine eigene Spur im
Museum

Fragen I

Warum schaltet der Hausmeister jeden Morgen zu früh
die Sterne aus vor meinem Fenster

In welcher Unendlichkeit schneiden sich Geraden
wenn das Weltall, möglicherweise, nicht unendlich ist

Können sich unsere Wege wirklich noch einmal kreuzen
nachdem wir davongingen

jeder
in seine Richtung

Fragen II

Was denken die Vögel von mir, schreibe ich
ein Gedicht über die Anmut der Katzen

Der Käfer in lila schimmernder Rüstung
vor welchem Verfolger flieht er, wen greift er an

Gibt es eine Sprache auf dieser Erde
unübersetzbar in sie

das Wort Krieg

Moment des Glücks

Alle Worte ungetrübt
und dennoch gehüllt in Geheimnis und Nebel

Aus meinem Gedächtnis, geräuschlos, entfernen sich
die kalten Schatten des Traums, des Abschieds, der Bosheit und
       des Verrats

Die Statuen im Park erzählen ihre verlorene Geschichte
In der Dämmerung spinnt Großmutter wieder Märchen

Nichts (von den Zeitungen) wird kleingeschrieben
dennoch erscheint das Große als groß

Niemand nimmt Wind aus den Segeln
Wie eine Verheißung sehe ich das Weiß ihrer Wolken

Schlachtfelder hinter dem Blau begrünen sich
mit Reis, Kaffee, Weizen und Tabak

Die Schanzarbeiten im Amt werden eingestellt
All meine Schwächen verwandeln sich in Schwäne (Füttern erlaubt)

Jemand, ohne Langeweile oder Übelkeit, spricht Gedichte
ein Zweiter desgleichen, ein Dritter

Alle summen Mozart oder wenigstens Felix Mendelssohn Bartholdy
oder googeln zumindest deren Namen

Spechte klopfen höflich an fremde Bäume
Man bestaunt die Steine im Weg wie sonst Diamanten

Eine Ewigkeit vergeht und ich
befinde mich noch immer im Gleichgewicht auf nämlichem Fleck

Und jemand legt mir die Hand auf die Schulter
sagt: komm

Es kann

Es kann der Glanz sein
im Forellenquintett von Schubert

Es kann der Tau sein, der früh
in einer Blüte sein Grau verliert

Es kann der Pfeil einer Schwalbe sein
der den verschlossenen Himmel aufschlitzt

Es kann eine glänzende Zeile sein
die jemand, vor Zeiten, im Dunkel schrieb

Es kann das Blitzen
auf des Messers Schneide sein

Es kann eine zweite Erde sein
noch nicht erloschener Funke im Teleskop

Es kann der Glanz sein
eines nach all den Jahren nicht

verlorenen Blicks
deines Blicks

Preislied, unvollständig

Ich preise den Frosch, den Igel, die Katze, den Käfer
Ich preise, neidvoll, den nachtaktiven Siebenschläfer

Ich preise die Raben mit blitzendem Witz in den Augen
die gurrende Sehnsucht befehdeter Großstadttauben

Ich preise die Greise, die Bäume erklimmen
und in den Kastanienkronen Kerzen anzünden

Ich preise die Kinder, die, vorübergehend, vom Display aufschaun
als wollten sie endlich eigene Luftschlösser baun

Ich preise die Vögel in ihrer himmlischen Welt
weil für mich, mitunter, ein Krümchen Blau abfällt

Ich preise die Engel, die ohne Trompeten heruntersteigen
und sommers, als Grillen verkleidet, in den Wiesen geigen

Ich preise den Maulwurf im Untergrund
auch ich durchsuche das Dunkle, grabe mich wund

Ich preise die ausgestorbenen Schaukelpferde
einst preschte ich über die weite, kohlenstaubschwarze Erde

Ich preise das Gute, für das ich einst stritt:
Milchreis, Konsummarken, Schuhe aus Leder statt Igelit

Ich preise den finsteren Zeitgeist, der vor sich selbst erschrickt
wenn er im Spiegel die hässliche Fratze erblickt

Ich preise das Preisen, obwohl ich weiß:
Jubelgedichte stehn niedrig im Kurs –

man zahlt als Schreiber dafür seinen Preis

Ohne Gewicht

Der Junitag verklärte
den See mit der Musik der Vögel

Das Fragezeichen des Reihers
bestand nicht auf Antwort

Wie aus alten Texten flüsterte
das Schilf

Nichts von Belang gab Anlass
zu einem Gedicht

Nur die Brennnesseln verwiesen gelassen
auf möglichen Schmerz

Romantische Veränderung

Einmal, nachts, das Mondlicht
wurde von wenigen Autos befahren
hielt ich an, stieg aus, stand
bis der schimmernde Schein
mich einstäubte
glänzende Gestalt am Rand
weit nach Mitternacht und der Hälfte
des Lebens, endlich, ohne Zweifel
im angemessenen Licht, Gestalt
die du, nachdem ich früh vor dich hintrat
erst erkanntest als ich
geduscht und die Sachen gewechselt hatte

Zuweilen

Zuweilen übe ich mich
im Kartoffelschälen, Zeichen
guten Willens an meine
liebliche Frau

Schält *sie*, ringeln sich die Locken
der Schalen fast wie von selbst
hinab auf das untergelegte Papier
während ich, schnitzend, schwitze, ab-
haspele kantige Stücke
als arbeitete ich
an einem elliptischen Gedicht –

ich sehe mich
mit gefurchter Stirn
über spärlichen Zeilen auf weißem Acker
und rätseln, was in der Tiefe
mir zuwächst, ein unbekanntes
Gesicht, mein eignes Gesäß, ein Universum
keimender Kartoffelplaneten, fest-
kochend, harrend auf Wasser, Kümmel, Salz
und den Koch, der spricht: Es werde ...

Und mich berührt
eine milde Stimme:
Wie immer
du hast die Augen vergessen

Paradies, etwas nördlich

In jenem Jahr, als der Hund
der Königin verloren ging stand die Welt
für einen Augenblick still

Kain erschlug seinen Bruder Abel nicht

Niemand tanzte ums goldene Kalb

Jeder trug sein Herz auf der Zunge

Kein falscher Prophet (in Schafskleidern) wagte sich auf die Straße

Niemand strich Segel an jenem Tag weiß

Die Seniorenabende wurden auf den nächsten Mittwoch verschoben

Herr Olsen, auf der Leinwand eines alten jütländischen Kinos,
erstarrte, planlos

Niemand aß mit Freuden sein Brot und trank Wein

Alle liefen, wild mit Würsten wedelnd, im Wald um das Schloss

während Prinz Henrik sein erstes Liebesgedicht schrieb
an einen Dackel und du
mir vor der Heimfahrt einen Apfel reichtest und ich
schluckte

Im Amt

Bitte schließen Sie leise die Tür
Halten Sie sich nicht im Eingangsbereich auf
Verhalten Sie sich ruhig auf allen Fluren
Schalten Sie ihre Engelstrompeten aus

Schlagen Sie nicht mit den Flügeln
Nachtigallen ist der Zutritt grundsätzlich verboten
Das Füttern der Schimmel während der Öffnungszeiten ist streng
    untersagt
Verirrte Kolibris werden vom zuständigen Fachbereich gegen Quittung
    entgegengenommen

Erklettern Sie keinesfalls eines der Diagramme
Bei Eintritt in die Statistik halten Sie unaufgefordert ihre Anlagen
    bereit
Setzen Sie sich nicht in den Schatten eines Verdachts
Benutzen Sie im Notfall die Jakobsleiter
Fragen Sie im Zweifelsfall ihren Leumund

Bewerber zum Purzelbaumschlagen melden sich umgehend bei
    Frau Wald
Die Rückerstattung verlorener Zeit ist vom Gesetzgeber nicht
    vorgesehen

Was können wir für Sie tun

Trauriges Ende
Nach Kurt Schwitters

Anna Blume kann auch Rosa Rose sein.
Ist Anna Blume auch Rosa Rose, ist Anna Blume noch immer Anna
Blume.
Isst Rosa Rose Anna Blume, kann Anna Blume Rosa Rose nicht mehr
essen.
Isst Anna Blume Rosa Rose, kann Rosa Rose Anna Blume nicht mehr
essen.
Ist Anna Blume nicht mehr Anna Blume sondern nur noch Rosa Rose
rostet Rosa Rose schnell vor Kummer, weil sie weiß
was Anna Blume blühte.

Kurt Schwitters, deutscher Maler, Graphiker, Dichter, 1887-1948

IV

Vollmond im Herbst

Ich ging um den Teich, nachts
wie der Dichter Basho vor Zeiten
hinter Meeren um
einen kleinen Teich ging
ohne Eile, im Kreis, und ohne den Hauch
herandämmernden Müdseins, ruhig
schwammen die Sterne und
Satelliten im Blau auf ihren
vorbestimmten Bahnen
ohne Laut die Luft mit dem
verschlüsselten Getön, Gedröhn
der grellen Stimmen, Bilder
und der Leid-Stern schien mir war
für immer nun verwandelt, gezähmt
das Schicksal, Willkür derer
die es anderen erbarmungslos
mit Bedacht verfügen, stumm
schliefen Zorn, Verzweiflung
hinter weißer Stirn
des Monds vielleicht

Nur das Laub der Espen
zitterte wie immer bei
geringster Ahnung eines Winds
oder wenn ich tief
ausatmete
um danach erneut und tief
einzuatmen

Weit war da
der Morgen, weiter
Morgen war auch zu erwarten
doch warum
fand ich meine Sprache wieder
sprach ich sein Gedicht nicht mehr
vor mich hin

Vollmond im Herbst
Die ganze Nacht bin ich
Rund um den Teich gegangen

Du bist
welche Blendung du suchen magst
nicht mehr jung

Matsuo Basho, japanischer Dichter, 1644-1694, Nachdichtung des
Haiku: Dietrich Krusche

Uninspirierte Elegie

Ach –
altes Wehwort der Seele, aber
ein andres versagt sich dem Klagen

Ach
Café Stephanie, Café
des Westens, Europa
in all deinen Cafés
wer hier eintrat, war daheim, erstickt
tote, rauchlose Luft die Dichtung
und die Dichter
mit ihren bleichen Engeln sind heut
von allen guten Geistern
der Inspiration verlassen, verbannt
ins Exil, zugige Winkel
im hintersten Hof
des Alls, schnuppe
dem Volk und den Göttern
der Dichter und Denker

Andächtig treten Entwöhnte und die
nie einen Dunst hatten, blau,
das Rad auf der Stelle um vorwärts zu kommen
pendeln, um hoch sich zu schaukeln
Aufschwung auf
der Wippschaukel, Bettschaukel, Turmschaukel
um was (?) zu wagen in der dünnen Luft
indes am Boden, Rauch im Wind,
gequarzt und gehartzt wird
die Asche der teuren
Kippen zerstäubt

Ach Mutter
immer hingen für dich
Wünsche und Träume am seidenen Faden
nie an bläulichem Fädchen Rauch,
ich höre dich noch, aus der Erde
dringt deine Stimme zu mir:

Du frisst ja die Dinger, Nägel
zu deinem Sarg

Ja, Mama
ich weiß

*„Wer hier eintrat, war daheim.", Zitat aus „Links, wo das Herz ist" von
Leonhard Frank, 1882-1961*

Polyphonie

Die schwerste Last
ist das Licht
das wir nicht weitergeben können

sagt Jannis

Die Fragen nehmen ab
die Gestalten des Lächelns

Jannis?

Jannis!

Jannis ist tot, rechne nach, sagst du, er
müsste jetzt weit über Hundert sein

Aber Jannis, sage ich
drei-, viermal im Jahr
begegnen wir uns
bestrahlt von einer Laterne
unser Käffchen
unser Zigarettchen
Gedichte, blaue
ungereimte Gedichte

Du müsstest es
besser wissen, sagst du, kein Dichter
wird Hundert

Sagen Sie, frage ich
den Elektriker, der
in unserem Bad hantiert
um es erneut in einen
lichten Ort zu verwandeln

Es sieht nicht gut aus
sagt er

Sagen Sie ...

Was denn?

Jannis, sage ich

Jannis, fragt er, welcher Jannis?

Gestern erst, sage ich, trafen wir uns
in der Bouzoukitaverne ... Eine Art Walzer mit
Triolen und ohne Heiserkeit, Schleim
in der Kehle, gar nichts

Gar nichts vorbei, sagt Jannis
durchwachte Nächte
Gefängnisse
Verbannung
Wir haben die Folter erfahren
Hinrichtungen mit angesehen
gar nichts vorbei, gar nichts

Die Kerze im Fenster flackert, alles
bringt er zum Leuchten, sage ich
die erniedrigten Wörter, dunkle Kerne
der Sonnenblumen

Feuer, Stein, Blau
Zwirnsfaden, Glas, Himmel
Kuh, Gerste, Trompeter

Alle Ikonen

Dämmerung, Nacht, Schweigen
Wasser, Schiff, Stern
Lampe, Mansarde, Genosse

Gestern erst zeigte er mir
den Vogel, den Fisch, das Pferd
und das mit zwei Körben beladene
Eselchen in seinem Bad

Und gestern erst hörte ich wieder
die Klage des Menschen, des Baumes
des Meeres, den Klang
der schweigsamsten Dinge und sah
die Schönheit, was für ein
Lichtglanz, ein Garten
blühte in mir

Gestern erst
ohne Heiserkeit, Schleim in der Kehle,
war auch
eine Klarinette zu hören
gestern erst

Jetzt

warte ich auf den kleinen Mond
der einer frischen Zuckermelonenscheibe gleicht

Jetzt, sagt er, Sie können
die Sicherung wieder reindrehn

Jannis also ...

Welcher Jannis?

Der Elektriker kommt
aus dem bestirnten Himmel
des Bads, unterdrückt
ein schiefes Lächeln

Jannis, ach Jannis, selbst
die Heiligen betrachten dich jetzt
als Freund

Unter Verwendung von Motiven aus Ikonenwand anonymer Heiliger"
des griechischen Dichters Jannis Ritsos, 1909-1990

Ich hörte den Vortrag

Dichtung bewirkt nichts
wirkliche Dichtung schließt
das Wirkliche aus
leeres Gehäuse
schlichte Verzierung
des reinen Nichts

Das war
als mich jene Strophe
mit den drei Amseln bewohnte

in mir
zu nisten begann

Das Gedicht nimmt Bezug auf eine Strophe von Wallace Stevens, US-amerikanischer Dichter und Essayist, 1879-1955, in „Dreizehn Arten eine Amsel zu beschreiben

Am Rand des Gedichts

Am Rand des Gedichts
schreit ein Vogel und laufen
die Wellen aus am Strand
des Papiers

Am Rand des Gedichts
entkommt eine Fliege dem
Gedicht durch das Fenster

Am Rand des Gedichts
löst sich die Landschaft auf obwohl
kein Schnee sie verwischt und nur
ein Gedicht sie erneut
zusammenfügen kann

Am Rand des Gedichts
ist nicht der Rand
des Gedichts ist nur
die durchlässige Haut

Am Rand des Gedichts
grenzt die Wirklichkeit des Gedichts
an eine andere oder
setzt sich auf andere
Art darin fort

Am Rand des Gedichts
ist keine Rede von
der unbestimmbaren Mitte
der Gesellschaft oder
des Textes

Am Rand des Gedichts
franst eine Hoffnung aus
ins Leere hinter
dem Rand des Gedichts

Am Rand des Gedichts, manchmal

beginnt ein anderer Text
der den Text des Gedichts
weiterführt
ihm widerspricht

Am Rand des Gedichts
endet
das zwischen den Zeilen
nicht Gesagte

Am Rand des Gedichts
verliere ich meine Sprache
um sie wiederzufinden

Am Rand des Gedichts
wenn ich mich aufrichte wächst
mein Schatten bis
an das stumme Weiß
einer Wand

Am Rand des Gedichts
vergeht mein Leben
bis zur Unkenntlichkeit vor
dem nächsten Gedicht

Am Rand des Gedichts
wird der Kaffee kalt
in meiner Tasse
lebe ich wie

auswendig gelernt

Ohne Deutung I

Die Augen benutzen
die Oberfläche der Dinge
Pfützen, Schaufenster, Landschaften, Haut
Abends, aus leeren Muscheln
zieht sich das Licht zurück
und es seufzt kein Meer
auf der Ablage hinter dem Schreibtisch
über so viel entleertes Leben

Ohne Deutung II

Mit einer Wimper im Auge
einseitiger Blick, verschwimmt
verfließt mir das Meer zu
endlosem Blau

Ohne Deutung III

Juni, taglang
brennen die roten Augen
des Mohns und das Dunkle
vergeht wie unter der Hand
des Restaurators ein Fleck
auf einem gealterten, mit Licht
gemalten Bild

Glätte

Nichts zu deuteln, weiße Fläche
vom Blatt bis zum dunklen, fernen
Geäder der Bäume und
der verzeichneten Dimension
eines ferneren Frühlings

Was könnte, sollte geschehn?

Darf ich dir in den Mantel helfen?

Schreiben – Arbeit? Warten?

Warten auf den Moment, lange
nach dem Ende eines Moments,
der als Moment
gelebte Augenblick schmilzt
gerinnt nicht zum Wort

Weißt du, worum es geht?

Weiß ich, warum du gehst?

Weiß ich warum
ich schreibe, schrieb
angeblich
schreiben muss?

Der Frühling, das Unheil
der nicht geblendete Blick
zurück durch das Aug

all-
gegenwärtig
ausgespart, retuschiert, verbannt
verleugnet, gescheut, wund
wie von Schnee, blattweiß

Wann kommst du zurück?

Gespinste der Spinnen, Stille am Ufer

kein flaches Gesage nach untiefen Tagen
tackerndem Geplapper der Tastatur
bildlose Zeichen versteiften die Haut
der Augen der Finger meiner Zunge
am Ende, obwohl nicht Winter war, flirrte
Schnee und trieb
mich hinaus

Gespinste der Spinnen, Stille am Ufer
Ich vermochte das tausend Mal
auf gleiche Art Gesagte
nicht erneut und weiterhin
vervielfacht sagen

Zählt
vor längst gezählten Jahren wirklich das
zum Munde reden das
was alle Münder reden, Leben
maskenhaft ertragen

Gespinste der Spinnen, Stille am Ufer
kein flaches Gesage nach untiefen Tagen
nur die auf dem Wasser verschwimmenden Segel
der Wolken vor meinem Fuß
und ich auf der Suche nach
unverbrauchten Worten, funkelnd
oder ganz von Moos bewachsen
oder Algen

Unter dem Pressebaum, einst
Nach Uwe Greßmann

Unter dem Pressebaum, einst
sammelten die Leute Blätter
trugen sie heim
hefteten sie ab um sich
auch in späteren Tagen noch
daran zu erfreun oder auf-
zufrischen das eigne
Gedächtnis mit Omas Rezepten
und denen
fürs bessere Leben

Doch die Schränke und Keller
boten nach Jahren zuwenig Platz
selbst den kleinsten Ausschnitten aus
vergilbenden Weltbildern und
der Welt so dass Entsorgung
anstand in Gestalt
der wartenden Container denn
der Kilopreis spottete
seit langem der Beschreibung durch
den Pressebaum und eines
kurz erwognen neuen Abos
der bereits im Kasten
nunmehr welken Kunde von
Weltall, Erde, Stars und Sternchen

Uwe Greßmann, deutscher Dichter, 1933–1969, erfand u.a. den Vogel Frühling, Irma, die Firma und den Pressebaum.

Auf dem Pressebaum, einst
Nach Uwe Greßmann

Auf dem Pressebaum, einst, sangen die Vögel
und priesen in höchsten Tönen jedes
einzelne Blatt

Doch mehr und mehr
fieln aus der Krone
sprachlos
machte sich nach und nach
auch mancher gefiederte Sänger
davon, ließ Federn, übte not-
dürftig andere Lieder um
so erneut auf einen
der grünen Zweige zu kommen
dass Volksmund sogar
mit seiner vormals spitzen
Zunge sich gewöhnte an
die falschen Töne
seine Kübel mit Spott
entsorgte und sagte
anlässlich des Gekrächz
eines Raben beispielsweise:
Wie schön
singt die Nachtigall heut

und nahm am Ende endlich auch hin
die schriller und schriller werdenden Stimmen
im gelichteten Baum
der Presse

Der Pressebaum
Nach Uwe Greßmann

Dicht belaubt war er, streckte
die Zweige weit in jedwede Richtung
aber das war einmal und es blieb
den Bürgern von Schilda zum Beispiel
nur ein einziges Blatt
für die alte Gewohnheit, die Welt
am Morgen bis an den Frühstückstisch
rascheln zu hören

Doch sie sehen auf
und sagen: Seht
wie es dem Wind trotzt
uns dazu noch
über die wechselnden Richtungen
schnell informiert

Und so sammeln sie
weiterhin emsig in Säcken das Licht
damit dies, ihr Blättchen
die lichtlose Zeit des Jahrs
mit Glanz übersteht

Existenz

Noch spielt er
im Sand

Schon wird er
bald Erde

Dazwischen
das Leben

der Worte

Nichts

zu sagen

Blätter
vor meinen Augen

weißes
Blatt vor dem Mund

Zu sagen
was ist

sagt wenig
nur auf

was sein könnte –
unsagbar

unsäglich
versagt sich

was war
scheint nicht

der Rede wert
(sagt sich so hin)

Was also
ist zu sagen vor

dem abgrund-
tiefen Schweigen

V

Vor Verdun

Die Augen öffnen
dem flammenden Schnee
nicht verschließen
im Gegenlicht den
schwarzen Schatten
der Monumente
leeren Augen-
höhlen zerbröselnder Bunker

Wer spricht
Was wird gesagt
Warum
wird geredet

Sich vortasten in
den dunklen Raum
der Geschichte, spärlich
erhellt wenn es glückt
von meinen Fragen

Großvater über-
lebte – nie

sprach er davon

Brandung Widerschein Rilkes Stimme

Fort, fort ...
in der Entrückung wohnen schreibt
der Dichter an die Fürstin auf
dem hingetürmten Schloss am Meer

Die Statuen, sie atmen noch
der kleine Engel atmet, und der Löwe, der
die Zunge zeigt, der Marmorbrunnen, und das Gras
die eingewohnte, von Erinnerungen
dichte Welt

Noch rauscht die Luft nicht
von Granaten, rollt
von Lippen nicht das Wort
Isonzo-Front, kein Synonym
und noch nicht stummgeätzt
von Namen späterer
Knochen-, Schädel-, Aschestätten
Buchenwälder, Birkenauen:
fast ohne Augen noch –
scharf
am Sichtfeld kalter Gläser

Warum singt er nicht
die Engel, Goldlärm, Winterhüte
Tagwerk, alles
klingt vollendet und
zusammen

Warum
singt er nicht

Nichts klingt

Die Augen sind
wie umgekehrt
entwachsen längst
die Stimme

Der Gott der Elegien schweigt

Die Statuen –
sie atmen noch

Vom 22. Oktober 1911 bis zum 9. Mai 1912 war Rainer Maria Rilke, 1875-1926, auf Schloss Duino Gast der Gräfin Marie von Thurn und Taxis-Hohenlohe. Dort schrieb er erste Teile der „Duineser Elegien" nieder, deren Vollendung ihm erst im Jahr 1922 gelang.
Anfang 1916 wurde das Schloss und das Dorf durch Beschuss der italienischen Kriegsmarine fast völlig zerstört.

Fontaine-de-Vaucluse
Für René Char

Der Schleier vor den Augen – keine Brille – das Wort
Sorgue, ihr smaragdgrüner Schnitt durch
Hügel, Schattenwald, Fels verschwimmt, der Vorhang
aus Schmetterlingen bewegt sich nicht mehr, die Häuser:
verwitternde Zeilen am Hang
neben der Straße, stein-
grau, lichtgelb. ockerfarben bilden
Fassaden, die Schlucht vor dem Spiegel-
glas des Museums (Musée d' Histoire)
sie halten sich, bröckelnd
der Putz oder Mörtel zwischen gerundeten, not-
dürftig kantig geschlagenen Steinen, zu-
gezogen der Himmel, konserviert in Vitrinen, an-
schauliche Bruchstücke auf
engem Raum vergangene Gegenwart einer
vom Blitz erleuchteten, gespaltenen
längst verschollnen
Generation

Absatz

Riss

zwischen seinem Text und
fernerer Landschaft, Text und
Geschichte, Datum, entglittener Zeit oder weiß-
gefrorener Weite auf der – kein Wort färbt den Atem –
die Spur verwischt werden muss, oder *jenes*
winzige Morgen mit seinen uns
unbekannten Absichten, den Augen ringsum
die um das Signal, das Feuer
zu eröffnen flehten, ich habe
das Signal nicht gegeben, er fiel
als habe er seine Mörder gar nicht
gesehen, die Junisonne
fuhr mir eisig in die Knochen, ein Dorf
was ist das, er hätte

gerettet werden können
nur noch die Augen
sind fähig
einen Schrei auszustoßen,

Absatz

jenes kleine Tal, das sich nach und nach mit Nebel füllt

die Häuser, das vergilbende Gedächtnis, nur
die Blätter erneuern sich fast
auf die gleiche Art, das Vergangene
verging, doch das Wort
Zukunft hat keine Gegenwart

Absatz

weiter
    im fließenden Text

wo habe ich nur
      meine Brille

Im Text kursiv gesetzte Zeilen von René Char, 1907-1988, französischer Dichter, leitete von 1942 bis 1944 eine Widerstandsgruppe gegen die deutsche Besatzungsmacht.

Wurzeln – wie Hände
gekrallt in Stein
damals

lautlos
die Schatten aushalten

Während du schreibst
stumm geschaltete Bilder
mischen sich ein

Vor der Ruine, der Soldat
streichelt die Katze
des toten Jungen

Im Traum ein Bild

Gewitter wird aufziehn, die schwarze Armee
der Wolken setzt über den Fluss, Explosionen
des Lichts, du schälst einen Apfel, Einschläge, unsichtbar
werden die Katzen *Wir müssen sie suchen Wann
schlug der Wind um,* draußen *Der Tod ist
ein Meister* vor loderndem Grün
der Bäume wartet das Auto, vollgetankt, es
ist zu spät

Montagmorgen

Sie trägt das Kind auf der Schulter
es kreist mit den Armen, die Arme
sind Flügel, Rotoren, manchmal
angelegt, Jäger unter
rot verlöschendem Herz
im Abend, der Junge
kippt, fällt fast, kann sich
gerade noch halten am
strähnigen Haar
der Wolke, die Frau
atmet auf, schaut
in die Box, seit Tagen
fehlt jede Nachricht, der Mann
ist im Krieg

Pirschzeichen

Waydlich waidwund geredet? Das
siehst du falsch, du musst
das nicht wörtlich nehmen, die sagen
das nur so, wie im Rausche, ja
schusshitzig ein wenig, tod-
verblasen, doch
ohne Gewaff eben äugen sie
sprechen an, ködern
mit Wortbrocken, unter uns: Feuchtglied
vor jeder Schürze, Bockfieber, das auch, doch
Geläut ohne Hatz, Nasentraining
künstliche Schweißfährte, nichts
im Fang und niemand
erlegt, das ist alles, weiß sie
wie der Hase läuft
wird sie
das Wundbett schon wieder verlassen

Nur

nur ein paar Bäume
nur ein paar Vögel
nur ein paar Katzen
nur ein paar Spinnen
nur ein paar Fledermäuse
nur ein paar Fische

nur eine Wiese
nur einen Wald
nur einen Berg
nur einen Teich

nur ein paar Teiche
nur ein paar Wiesen
nur ein paar Wälder

nur ein paar Alte, Arbeitslose, Landstreicher
nur ein paar Künstler, Nutten, Clowns
nur ein paar Schwule, Spasties, Junkies, Alkies

nur 'n paar Fidschis, Zigeuner, Juden
nur 'n paar Araber, Neger, Rote
nur 'n paar Schwarze, Schlitzaugen, Kameltreiber
nur 'n paar Kaffern, Kanaken, Zivilisten

Nur noch
nur

VI

Hotel

Weit nach Mitternacht erst
wie Dampf strömt durch Leitungen einer Heizung
war das Hintergrundrauschen
des Meeres hörbar

Wir traten auf den Balkon
und es schien als ob
die fernen Sterne Lichter wären
oder Schiffe, unterwegs
zu irgendeinem
der Kriege

Wir fielen
in traumlosen Schlaf

Zu früh
noch bevor die Lautsprecher sangen
lärmten die Vögel

Am Meer stehen

Am Meer stehen
das den Herbst verleugnet
auf seiner Haut

Am Meer stehen
dessen Unendlichkeit irgendwann
auf meinem Weg durch die Jahreszeiten
der Tatsachen und verlorenen Träume
erlosch, alle Geheimnisse
wurden durchsichtig im kühlen Gespräch
mit wechselnden Winden

Am Meer stehen
am steilen Ufer bröckelt
die durchwurzelte Wand

Doch wie kann ich
mich abwenden
das zugemessene Leben leben
gleichmütig, wie kann ich
ohne Blendung den Blick
dem Blinken der Segel nachschwimmen lassen

Verse vom Meer

In diesem Vers zieht sich das Meer
grollend in seinen eigenen Groll zurück

In diesem wirft es ihn, splitternd
und dennoch anschwellend bis über die Dünen

Im nächsten wird es sanftmütig
und mit reinem Blau um Vertrauen werben

Sanftmütig und mit reinem Blau
wirbt das Meer um Vertrauen

Das ist das Beständige, was
über Verse vom Meer zu sagen ist:

Kein Vers vom Meer
hat über den Vers hinaus

Bestand

Ach Meer

in dieser Nacht hast du
außer den Schiffen und der Sehnsucht
auch noch das Weltall getragen
wiegtest die Sterne, bis sie am Morgen
ohne Glanz und müd
sanken in unsichtbaren Schlaf

Du aber leuchtest als gäbe es
all das Dunkle nicht
als tieferen Grund

Fern
die Segel, wie weiße
spitze Zähne

Mein Schatten seufzt
mit der Stimme des Meers

Als klängen Glocken noch
aus schlafender Tiefe
versunkener Zeit

Moment, schön
wie der Nebel unter dem Mond

Hier legten sie an
nach ihren Fahrten und noch
geblendet vom Eis

In der Bucht treiben Bärte
aus langen Algen und Tang

Nach Wintern im Eis
und fast
nicht mehr erwartet ...

Zögernd nur zog sich der Tod
zurück aus den Augenhöhlen

Mittag
Die Schatten vertrocknen
Das Meer ist verstummt
Fern trägt es Äpfel, Orangen
Und fernhin den Tod

Unter den Nebeln aus Lichtstaub und Sternen
am dunklen Saum dieses Ufers
stehend als harrte ich auf
das Erschimmern der Muscheln
glanzvolle Zeit

Stimmlos

Stimmlos
wie das Meer jetzt
da der Wind still ist
und kein anderer Laut
hinter den Dünen die Nacht weckt
kein Wellenschlag wund schlägt
die Ufer und alles Wunde
jede Verwundung heilt wie von selbst
erwache ich, wachse ein, wurzele
in diesem kargen, vom Meer verlorenen Grund
in tieferen Schichten und in der Tiefe
der Zeit ohne Mythen, Münzen, Fassaden und gläsernen Glanz
ohne Seeigel und sonstige Spitzfindigkeiten der Evolution
nur mit der hellen Haut des Monds, leuchtender Ammonit
weißer Kreidefleck über der See vor dem schimmernden Schwarz
wachse ich ein nach dem eintönigen Rhythmus der Tage
und ohne Bewusstsein meiner möglichen Zukunft
als risse mich nichts mehr los und triebe mich
zurück in das Land, das Gehäuse, die Uhren
den eilig gefertigten Schein

Refugium

Klitrosen
　　　das Meer
　　　　　das Meer
rot und bläulich schimmernde Welt-
sekunde am Rand
unversehrt von Stimmen
trauerfarben, angstgepresst
denn der Tod geht gerade
anderswo um unter anders
Verlorenen, bevor
du dich langsam umwendest
heraustrittst aus dem Vergessen
befleckter Unschuld an allem
woran du beteiligt warst und erneut
deinen Anteil nehmen wirst
nicht weißt
wann das Meer in dir
endgültig sterben wird

Ablagerung

Faulgeruch, knirschende Schalen
vergangenen Lebens, Muscheln
Krebse, Schnecken, Kreide
fressen die Wölfe noch immer bevor
sie uns fressen, denke ich, fast
zusammenhanglos

Schattenplatz

Efeu, blau-
punktierte Zweige

Moment, der vorgibt
von Dauer zu sein

unbewegt vom Vergehen
des Tages

von den in das Gras
tropfenden Früchten

dem, was gewesen ist
sein wird

als wäre er unverletzbar
vom Schatten auch

des leisesten Worts

Nachtfalter prallten

gegen das Fenster
unregelmäßiges, gleichförmiges Geräusch
als klopften kleine knöcherne Finger aus
dem Dunkel gegen die Scheiben

Wir saßen, leise
Musik im geduldigen Abend
Nichts geschah
Keine Vergangenheit pochte
Keine Uhr schlug
Kein Gewissen

Nachtfalter prallten
gegen das Fenster

Im Garten

mit einem Habicht
über dem Kopf las ich
das lange Gelächter
eines Gedichts und sah
auf als der Himmel wieder
makellos blau war, die Aussicht
heiter, kein Kontext, aber
der Habicht kreiste
schon längst
zwischen den Zeilen

Gartengedicht, unpolitisch

Den gekrümmten Rücken aufrichtend sehe ich
auf der Wiese die beiden gespreizten Finger
das Victory-Zeichen hinter dem Aushub
des Maulwurfs, Löffel
eines im milden Mailicht verharrenden Hasen
und feire am Mohrrübenbeet meinen Sieg
über das Unkraut

Der Schreber

Der Schreber kommt
Der Schreber sagt
Ihre Bäume wachsen
in den Himmel

Der Schreber schreibt
das auf und geht
Die Bäume wachsen und
ich werde kleiner

Letzte Handgriffe

Die Luft verlor die milde Teefarbe des Herbstes

Gespinste der Stille wuchsen zwischen
gealterten, versehrten Äpfeln im Gras

Du schnittst das kühle Leuchten der Astern aus

Nachmittagslicht schärfte die Linien
auf deinen welkenden Händen

Wie eine Flocke oder die Verheißung künftiger Kälte
trieb eine winzige Feder über den Garten

Wir schwiegen, als senkte sich Nebel
als wäre schon Winter in unsren Gedanken

bevor wir abschlossen
gingen

VII

post festum

„... k ö n n t e n wir sein ohne sie?"
Rainer Maria Rilke, Duineser Elegien

1
Ich schreibe jetzt häufiger Briefe an
die Toten. Ihre Zahl
nahm zu in den vergangenen Jahren.
Sie übersteigt die Zahl
der Lebenden mit denen ich
ein beiderseits interessierendes Gespräch
über Bäume führen könnte,
die erloschene Metapher
des Morgenrots, die 14 Arten
den Regen zu beschreiben,
Hinz und Kunz,
das schwarz-
                gemalte, abgestorbne Land ...

In der Dämmerung gebe ich
meine Erinnerungen auf, spätestens
in der Nacht erhalte ich Antwort, um-
geschriebene Sätze, Situationen, sach-
dienliche Hinweise zu
verloren geglaubten Orten,
Zielen, Posten, Zeit-
bestimmungen, Besinnung auf
den Gleichklang der Schritte, *die Kätzchen*
der leeren Hasel,
Haus, Brücke, Brunnen,
Tor, Krug, Obstbaum, Fenster
das Echo
glückhafter Momente im Zeit-
alter globalisierter Ängste.

Obwohl ich sicher bin, dass auch sie
manches vermischen, verwischen, glaube ich
ihnen eher als mir, denn
sie bedürfen, denke ich, nicht mehr der Lüge,

nicht der Verdrängung und des Vergessens.
Ohne die geringste Rücksicht können sie es
sich leisten, ohne Nachteil und Schmerz,
sie selbst zu sein, die ganze Zeit, und ich
weiß deshalb nicht, ob ich ihre Gegenwart
ständig ertrüge.

Sie sehen, vermute ich, klarer als ich und
urteilen nun ohne Irrtum, was ich
jedoch in Zukunft erst
endgültig bestätigen oder
widerlegen kann.

Die unendlich Toten – allmählich
kommen sie wieder näher
(oder haben sich nie entfernt),
lebendiger oft
als Lebende sind,
bleibt ihnen doch
die Rückkehr verwehrt.

Kein Mitleid, flüstern sie, wie
könnte ich mitleidlos sein
gegenüber ihrem end-
gültigen Schicksal und meiner
absehbare Zeit
währenden Anwesenheit,
hier, im verstellten,
leerer werdenden Raum.

2
Doch es gab auch Briefe, auf die ich
keine Antwort bekam, möglicherweise
hatten die Adressaten unaufhörlich
Wichtigeres zu tun,
oder empfanden die Auskünfte
über das fortschreitende Leben als wenig
glaubhaft, wahrhaftig, erkannten
sich oder mich oder
die ihnen entrückte Welt darin

nicht wieder nach
der Sprachlosigkeit meiner jähen Trauer
vermissten vielleicht
die kleinen Verstellungen
Trost durch Verschweigen, Rollen-
spiele um ihnen zu genügen und
zu gefallen, oder
vermissten vielleicht die manchmal
vermisste Rücksicht, Nachsicht, die ein-
vernehmliche Auflösung einstiger
Missverständnisse, die Stiftung
neuer, oder durchschauten
jeden besonders innig
geschäumten wie auch jeden
besonders sachlich getrimmten Satz
als Zeichen, wirkliche Nähe
nicht wieder gefunden zu haben,
legten die Post also
vorerst oder
bis in alle Ewigkeit zu
den unerledigten Briefen.

3
Und so
schreibe ich,
nicht ganz ohne Hoffnung,
weiter im stürmischen Auge
ihres windstillen Schweigens,
der beredten Antworten
Brief um Brief.

Kursiv gesetzte Zitate von R.M. Rilke und Wladimir Majakowski

Kindergeburtstag
Langsam öffnet der Clown
die Tür zum Hospiz

Altenheim
Ihr Fenster
lächelt nicht mehr

Frühlingsnebel
An Mutters Grabstein
eine klamme Biene

Vor dem Winter

Spärlich belichteter Tag
ohne Trauer, Verzweiflung, Last
niemand registriert deine Abwesenheit
du kochst Tee, hörst die Vogeluhr, liest ein Gedicht
überlegst, krampfhaft
was du gelesen hast

Die Herbstnacht

Die Herbstnacht hat das Rot der Beeren schon bereift,
der Frost presst in die Häute Falten,
bevor man noch, was war, begreift,
die Herbstnacht hat das Rot der Beeren schon bereift,
und wenn die Hand nach diesem Glimmen greift,
spürst du, im Blick nun die Vergänglichkeit, dich selbst erkalten.
Die Herbstnacht hat das Rot der Beeren schon bereift,
der Frost presst in die Häute Falten.

Im Eis

Im Eis ein wenig Rot glimmt auf am Nachmittag,
als wolle er noch nicht im Dämmer enden,
sondern tröstend wärmen was dem Frost erlag;
im Eis, ein wenig Rot, glimmt auf am Nachmittag,
als wäre sonst jedweder Trost versagt
und würde sich die Dunkelzeit nun nie mehr wenden.
Im Eis ein wenig Rot glimmt auf am Nachmittag,
als wolle er noch nicht im Dämmer enden.

Morgens Alt

Am Fenster sitzen
gegenüber dem Fenster
an dem der alte Mann sitzt
schaut
ob ich
gegenüber
am Fenster sitze
schaue

Vor dem Verlöschen

> *„Die menschlichen Lippen, die nichts mehr zu sagen haben,*
> *bewahren die Form des letzten Wortes, das sie sagten."*
> Ossip Mandelstam

Worüber wir nicht mehr sprechen sollten, das ist
die zerbrochene Brille, der Preis
für den erneut geschärften Blick auf
Risse, Falten, das Erblinden vor
den alten Bildern in Alben, der Flut
greller Bilder bis in die Nacht

Worüber wir nicht mehr sprechen sollten, das ist
die Müdigkeit nach jedem Aufstehen aus
der spröden Abwesenheit aus Schlaf
der verblassende Schein des geschundenen Traums
die stumme, schwarz gekleidete Hoffnung
einsam wie je
zwischen Verblendung und blendender Aussicht
(Wo ist der Unterschied?)

Worüber wir nicht mehr sprechen sollten, das ist
vor unseren Augen, täglich, die Lachenden
empfangen jedwede furchtbare Nachricht
ohne Empörung, das ist die Angst
vor der Verzweiflung, ermattendem Blick
auf das was noch blüht

Ossip Mandelstam, russischer Dichter, 1891-1938.

Wart

nur noch
dem Gedicht
einen Himmel zuweisen
einen Ort, wo der Atem
nicht stockt, Leben
kein Echo ist lang schon
verfälschten Lebens, wart, gleich
fliegt ein Vogel auf, löst sich
von seinem Schatten

Vor der Ermüdung

Obwohl ich nicht wusste, was Hunger ist
erhoffte ich dass
niemand mehr hungert

Obwohl ich nicht wusste, was Krieg ist
bat ich den Tod
seine Arbeit ohne Mithilfe der Menschen zu tun

Obwohl ich nicht wusste, ob es ihn gibt
wollte ich Gott
die ungleichen Hälften der Welt erklären

Nach mir

Amselgesang
und jemand
hört zu

Einer
im Regen
das ist zu hoffen
beschirmt einen anderen mit
einem Schirm

Manchen blitzen Sternstunden auf
Manchen schlägt
die Stunde

Und der Feind wird immer noch
links stehn
im Osten
im Dönerstand
auf schwarzer Liste oder
hinter dem Gartenzaun

Und die vielen
wie immer
werden erfahren
was wenige
für richtig halten

Und alles wird sein
wie immer
aber vielleicht

nicht für immer

Epilog
Nach Louis Fürnberg

Nichts wird
an mich erinnern

zugezogen
aus dem Vergessen der Stadt
in das Gedächtnis der Erde, dem Durst
der Wurzeln nah, dem Atem
der Blätter, dem Regen
der unterirdisch zum Fluss treibt

Wenn ich einmal heimgeh
nichts wird
an mich erinnern

doch ich werde kein Fremder sein
an meinem Ursprung

Louis Fürnberg, deutscher Dichter, 1909-1957.

Inhaltsverzeichnis